Lieblingsgerichte für kleine Bären
und andere Feinschmecker

Für dich, meine liebe Friedericke
zu deinem 6. Geburtstag
von deiner Oma

Margarete Jensen / Chris Schlag

Lieblingsgerichte

für kleine Bären

und

andere Feinschmecker

MOHLAND Verlag

Die Deutsche Bibliothek - CIP-Einheitsaufnahme

Lieblingsgerichte für kleine Bären und andere Feinschmecker /
Margarete Jensen/Chris Schlag. - Goldebek : Mohland, 1999
ISBN 3-932184-42-4

1. Auflage März 1999
© by MOHLAND Verlag D. Peters Nachf.

Satz / Layout: Chris Schlag
Texte : Margarete Jensen
Umschlaggestaltung : Chris Schlag
Herstellung : MOHLAND Verlag
Illustrationen : Chris Schlag
Verlag : MOHLAND Verlag D. Peters Nachf.
        Dorfstr. 9 , 25862 Goldebek

ISBN 3-932184-42-4

Hast du auch so viel Spaß am Kochen wie meine Enkelin Friederike und der Bär? Dann probiere diese Rezepte einfach aus. Es ist ganz leicht.
In diesem Kochbuch habe ich viele Lieblingsgerichte von Kindern zusammengetragen.
Ich wünsche dir ein "Gutes Gelingen" und guten Appetit

Margarete Jensen

Was finde ich wo?

Seite	Gericht	Seite	Gericht
6	Zucchinicremesuppe	56	Möhren-Apfel-Rohkost
8	Tomatencremesuppe	58	Spaghetti mit Hackfleischsoße
10	Selleriecremesuppe	60	Pizza
12	Kürbiscremesuppe	62	Rüben-Kartoffel-Eintopf
14	Bunte Suppe mit Nudeln		mit Kochwurst
16	Schokoladensuppe mitSchaumklößen	64	Pfannkuchen
20	Holunderbeersuppe mit Klößen	66	Pellkartoffeln mit Quark
24	Buttermilchsuppe mit klößen	68	Zucchini-Reis-Auflauf
26	Kartoffelsuppe	72	Milchreis mit Kirschen
30	Porree im Hemd	74	Sahneeis
34	Kartoffelpuffer	76	Bratäpfel
36	Gemüse-Eintopf	78	Vanillesoße
38	Rübenmus	80	Rote Grütze
40	Porree-Eintopf	82	Buttermilchspeise
42	Kartoffelbrei	84	Grießpudding mit Fruchtsoße
44	Gemüsepfanne	86	Bärenquark
46	Wirsing-Eintopf	88	Onkel Henning's Lieblingstoast
48	Erbsen und Möhren,	90	Katharina's Lieblingstoast
	Kartoffeln und Schinken	92	Croissants mit pikanter Füllung
50	Quarkbrötchen	94	Spaghetti mit Pilzsoße
52	Gebackener Milchreisauflauf		

Der Bär möchte heute gerne grüne Zucchinisuppe.

__Zucchinicremesuppe__

Dazu brauchst du:

3 Zucchini, sauber gewaschen

2 Zwiebeln

1 Eßlöffel Butter

1 Liter heißes Wasser

2 Brühwürfel

½ Teelöffel Basilikum

etwas Salz und Pfeffer

½ Tasse Sahne

1. Zuerst schneide die Zucchini in Scheiben und würfele die abgepellten Zwiebeln.

2. Nimm einen Topf, gebe Wasser hinein und stelle ihn auf den Herd.
Laß die Butter heiß werden und gib die Zucchinischeiben und Zwiebelwürfel hinein.

3. Rühre gut um und gib das heiße Wasser, die Brühwürfel sowie die Gewürze hinzu.
Wenn alles kocht, lege einen Deckel auf den Topf und lasse alles 10 Minuten kochen.

4. Jetzt kannst du die Suppe mit einem Schneebesen durchrühren und die Sahne dazu gießen.

5. Bestreue die Suppe nun mit den gehackten Kräutern und lasse sie dir und deinem Bären gut schmecken.

Heute wünscht sich der Bär eine rote Tomatencremesuppe, denn die ißt er am Liebsten. Er kann sie auch schon fast ganz alleine kochen; das geht nämlich bärenleicht:

Tomatencremesuppe

Du benötigst:

1 Tüte Tomatencremesuppe (Fertigprodukt)

1 Liter kaltes Wasser

3 Tomaten, sauber gewaschen

4 Eßlöffel Schlagsahne

etwas Schnittlauch

1. Nimm einen Topf und fülle das kalte Wasser hinein.

2. Dann schütte das Pulver aus der Tüte dazu und stelle den Topf auf eine heiße Herdplatte.

3. Rühre so lange mit einem Schneebesen um, bis die Suppe kocht. Laß sie bei geringer Hitze noch 5 Minuten weiterkochen

4. Jetzt schneide die 4 Tomaten in kleine Würfel und gib sie vorsichtig in die Suppe.

5. Schlage nun die Sahne steif und schneide den Schnittlauch klein.

6. Zum Schluß gibst du auf jeden Teller Tomatensuppe einen Eßlöffel Schlagsahne und einige Schnittlauchröllchen.

"Hmm, das ist gesund und lecker", sagt der Bär.

Weil der Bär so gerne Suppen ißt, wünscht er sich nach der grünen und roten Suppe nun eine weiße.

Selleriecremesuppe

Was du brauchst:

1 kleine Knolle Sellerie

1 Eßlöffel Butter

1 Liter heißes Wasser

2 Brühwürfel

Später noch:

1 Tasse Milch

2 Eßlöffel Mehl

$\frac{1}{4}$ Teelöffel geriebene Muskatnuß, etwas Salz

1. Schäle die Sellerieknolle und schneide sie in Würfel.

2. Nimm einen Topf und gib die Butter hinein. Erhitze sie und laß die Selleriewürfel behutsam hineingleiten. Die beiden Brühwürfel kommen auch dazu.

3. Jetzt nimmst du einen Schneebesen und rührst solange bis sich die Würfel in der Suppe aufgelöst haben.

4. Nun muß die Suppe 30 Minuten kochen.

Danach kommen die späteren Zutaten dran:

1.Das Mehl und die Milch verrührst du in einer kleinen Schüssel und schüttest es in die kochende Suppe. Dabei mußt du die Suppe gut umrühren, damit es keine Klümpchen gibt.

2. Zum Würzen gibst du die geriebene Muskatnuß und ein bißchen Salz dazu. Wenn du magst, kannst du auch noch etwas gehackte Petersilie darauf streuen.

Wie du dir sicher denken kannst, möchte der Bär jetzt auch noch eine gelbe Suppe kennenlernen.

Kürbiscremesuppe

Für die Zubereitung brauchst du:

1 kg Kürbis

1 Zwiebel

2 Eßlöffel Butter

1 Eßlöffel Curry

2 Brühwürfel

1 Becher Creme fraîche

etwas Salz,

Schnittlauch

1. Zuerst werden der Kürbis und die Zwiebel geschält und in Würfel geschnitten.

2. Stelle nun einen Topf auf die heiße Herdplatte und laß die Butter darin flüssig werden.

3. Dann gib die Zwiebel- und Kürbiswürfel hinzu und streue das Currypulver darauf.

4. Rühre alles mit einem langen Holzlöffel gut um, schütte das heiße Wasser und die Brühwürfel auch noch dazu.

5. Jetzt lege den Deckel auf den Topf und lasse die Suppe 20 Minuten kochen.

6. Rühre nun die Creme fraîche unter die Suppe und würze ein bißchen mit Salz.

7. Zum Schluß noch etwas fein geschnittenen Schnittlauch darüber, und fertig ist die Suppe.

Als der Bär Friederike eines Tages fragte, ob sie auch ein Rezept für bunte Suppe habe, gab sie ihm dieses:

Bunte Suppe mit Nudeln

Die Zutaten sind:

1 grüne Paprikaschote

1 Stange Porree

½ Knolle Sellerie

2 Möhren

½ kleiner Weißkohl

1 Liter heißes Wasser

2 Brühwürfel

1 Tasse voll Buchstabennudeln

Salz und Pfeffer, gehackte Petersilie

1. Wasche und putze das Gemüse.

2. Schneide die Paprika, den Sellerie und den Weißkohl in Würfel, und den Porree und die Möhren in Scheiben.

3. Fülle das Wasser in einen Topf und bringe es zum Kochen.

4. Gib alles Gemüse , die Nudeln und die Brühwürfel in das Wasser und lasse es 20 Minuten kochen.

5. Schmecke die Suppe jetzt noch mit Salz und Pfeffer ab, und streue die gehackte Petersilie obendrauf.

"Lecker, diese Suppe mag ich besonders gerne", sagt der Bär.
"Vielleicht können wir noch einige in Scheiben geschnittene Würstchen hinein geben. Dann ist auch etwas Fleisch in der Suppe."
Ich muß sagen, der Bär hat Geschmack.

Wie du mittlerweile gemerkt hast, ist unser Bär ein kleines Leckermaul. Und so freut er sich, als ich ihm sogar eine schwarze Suppe kochen kann. "Lecker, die ist ja zur Abwechslung einmal süß."

Schokoladensuppe mit Schaumklößchen

Für die Suppe brauchst du:

1 Liter Milch

3 Eßlöffel Zucker

1 Päckchen Schokoladenpuddingpulver

Für die Klößchen:

2 Eiweiß

2 Eßlöffel Zucker

etwas Zimt und Zucker

Schokoladensuppe:

Nimm von der Milch eine halbe Tasse ab und rühre das Pudding-pulver hinein, bis sich alles ohne Klumpen aufgelöst hat.

2. Bringe den Rest der Milch in einem Topf zum Kochen und schütte den Zucker dazu.

3. Wenn die Milch kocht, füge das ausgerührte Puddingpulver unter gutem Umrühren hinzu.

4. Während du weiterhin gut umrührst, lasse das Ganze noch ein-mal kurz aufkochen – und schon ist die Suppe fertig.

Schaumklößchen:

1. Schlage die Eiweiße mit dem Zucker so lange, bis es eine feste Masse ist.

2. Mit einem Eßlöffel stichst du vier Klößchen ab, und setzt sie auf die Suppe.

3. Dann stellst du den Topf ohne Deckel in einen heißen Backofen

und läßt die Klößchen 10 Minuten bei 180 Grad überbacken.

4. Besonders lecker werden die Klöße, wenn du vor dem Backen noch etwas Zimt und Zucker mischst und darüber streust.

Guten Appetit euch Leckermäulern!

Der Bär ist unersättlich: "Machst du mir auch noch eine lila Suppe?". Er ist ganz überrascht, dass Friederike das auch kann. Es gibt nämlich Holunderbeersuppe mit Klößen.

Ein guter Tip dazu: koche erst die Klöße, sonst ist die Suppe wieder kalt, bevor du fertig bist.

Holunderbeersuppe mit Klößen

Die Klöße:

1 Liter Milch

1 Prise Salz

2 Eßlöffel Zucker

125 g Grieß

2 Eier

3 Eßlöffel Mehl

½ Teelöffel Salz

Klöße:

1.Zunächst koche die Milch mit einer Prise Salz und dem Zucker und rühre dann den Grieß darunter.

2. Lasse den Grieß noch einen Augenblick auf einer kalten Herd- platte quellen.

3. Dann rühre die Eier und das Mehl darunter.

4. Jetzt hole dir noch einen Topf und fülle ihn zur Hälfte mit Wasser. Gib das Salz hinzu und lasse es aufkochen.

5. Dann stelle die Platte aus. Nun steche mit einem Löffel die Klöße vom Brei ab und lasse sie in das gerade noch kochende Wasser gleiten. Nun kannst du schon einmal mit der Holunder- beersuppe anfangen.

6. Wenn alle Klöße an der Wasseroberfläche schwimmen, sind sie gar, und du kannst sie in die Suppe geben.

Und hier die Zutaten für die Suppe:

1 Liter Holunderbeersaft

3 Tassen Wasser

3 saure Äpfel

6 Eßlöffel Zucker

Saft einer Zitrone

Holunderbeersuppe

1. Schäle die Äpfel und schneide sie so klein, dass sie gut mit dem Löffel gegessen werden können.

2. Stelle einen Topf mit dem Wasser auf den Herd und schütte die Äpfel und den Zucker dazu. Die Äpfel müssen so lange kochen, bis sie etwas weich sind.

3. Zum Schluß gib den Holunderbeersaft dazu. Wenn dieser heiß (nicht kochend) ist, gib den Zitronensaft auch noch dazu, und probiere, ob du doch noch ein wenig Zucker benötigst.

Nun lasst's euch gut schmecken!

Ein Suppenkasper ist der Bär nun wirklich nicht. Als Friederike ihm einmal Buttermilchsuppe mit Klößen gekocht hat, hat sie ihm soooooo gut geschmeckt, daß er sie immer wieder essen möchte.

Buttermilchsuppe mit Klößen

Für die Suppe brauchst du nur wenige Zutaten:

1 Liter Buttermilch

3-4 Eßlöffel Zucker

1 Päckchen Vanillepuddingpulver

Saft einer Zitrone

Das Rezept für die Klöße kennst du schon von der Holunderbeersuppe, nur denke daran erst die Klöße zu machen. Sonst ist die Suppe wieder kalt, bevor du fertig bist.

Aber jetzt die Suppe:

1. Nimm eine Tasse voll Buttermilch und rühre das Vanillepuddingpulver darin aus.

2. Gieße den Rest der Buttermilch in einen Topf und schütte den Zucker hinzu.

3. Bringe die Suppe nun zum Kochen und rühre sie dabei ständig mit einen Schneebesen um.

4. Wenn die Buttermilch dann kocht, rühre das Puddingpulver hinein und lasse sie noch einmal kurz aufkochen.

5. Schütte erst jetzt den Zitronensaft in die Suppe.

6. Setze nun noch die Klöße in die Suppe, und schon kann das Essen losgehen.

Wenn der Bär so richtig Hunger hat, kocht Friederike ihm eine Suppe, die ordentlich satt macht; eine Kartoffelsuppe. Wie du siehst, ist da eine ganze Menge drin.

Kartoffelsuppe

Was du benötigst:

1kg Kartoffeln

100g durchwachsenen Speck, geräuchert

5 Zwiebeln

1 Stange Porree

½ Sellerieknolle

2 Möhren

1 Eßlöffel Schmalz

1 Liter Rinderbrühe (Würfel)

1 Lorbeerblatt

4 Wacholderbeeren

Salz, Pfeffer, Zucker

Außerdem brauchst du noch:

2 Scheiben Weißbrot

1 Teelöffel Butter

½ Tasse Sahne

gehackte Petersilie

1. Wasche und schäle die Kartoffeln und schneide sie anschließend in Scheiben.

2. Pelle die Zwiebeln und schneide 3 davon in Würfel, die beiden anderen in Ringe, die du zurücklegst.

3. Wasche und putze das übrige Gemüse ebenfalls und schneide es in Scheiben.

4. Dann nimm einen großen Topf und gebe den Schmalz und den Speck, den du auch gleich etwas anbrätst, hinein.

5. Anschließend gebe das Gemüse und die Kartoffel dazu und rühre alles mit einem langen Holzlöffel um.

6. Jetzt kannst du die Brühe in einem Liter heißem Leitungswasser auflösen und sie und die Gewürze mit in den Topf geben.

7. Nach etwa 20 Minuten ist die Suppe gar. Du kannst jetzt die Sahne hineinrühren.

Besonders lecker schmeckt deine Suppe, wenn du jetzt noch Weißbrot und Zwiebeln dazu röstest. Das geht ganz einfach:

8. Schneide das Weißbrot in Würfel, gib die Butter in eine Bratpfanne und werfe die Zwiebelringe hinzu.

9. Brate sie kurz an und gib dann die Weißbrotwürfel mit in die Pfanne. Röste sie solange, bis sie hellbraun sind.

10. Diese Mischung streust du auf die Suppe und zuletzt noch ein bißchen Petersilie, damit sie auch so gut aussieht, wie sie schmeckt.

Nicht nur, weil dieses Gericht so einen lustigen Namen hat, liebt der Bär es, sondern auch, weil es so lecker schmeckt.

Porree im Hemd

Was du brauchst:

4 lange Porreestangen

4 Scheiben gekochten Schinken

4 Scheiben Gouda- oder Emmentalerkäse

40g Butter = 2Eßlöffel

40g Mehl

¼ Liter Sahne

¼ Liter Brühe vom Porree

Salz, Pfeffer, Muskatnuß

1. Koche die Porreestangen in einem weiten Topf mit Wasser. Schließe den Deckel, und lasse den Porree 15 Minuten garen.

2. Jetzt nimm die Porreestangen mit einer Schöpfkelle heraus und laß sie in einem Sieb gut abtropfen.

3. Dann hole eine lange Auflaufform und fette sie mit Butter ein.

4. Lege die Porreestangen in die Form und umwickle sie dann mit dem gekochten Schinken und anschließend mit Käse.

Nun brauchst du noch eine Soße:

5. Hole dazu einen kleinen Topf und laß die Butter darin schmelzen. Wenn sie brutzelt, schütte das Mehl dazu und rühre gut um.

6. Nimm von dem noch heißen Porreewasser $\frac{1}{4}$ Liter ab und gieße es hinzu.

7. Wenn es kocht, gib die Sahne und die Gewürze mit in die Soße, rühre um und gieße die fertige Soße über die Porreestangen.

8. Dann schiebe die Auflaufform für 15 Minuten zum Überbacken in den Backofen.

Der Bärentip: Koche noch ein paar Salzkartoffeln dazu, denn das schmeckt bärenstark.

Manchmal ist der Bär noch nicht satt, wenn er Suppe gegessen hat. Dann backt Friederike ihm z.B. einige Kartoffelpuffer.

Kartoffelpuffer

Du benötigst :

3 Eier

1 Teelöffel Salz

6-8 Kartoffeln

1 Zwiebel

1. Schäle zuerst die Kartoffeln und reibe sie auf einer mittel-feinen Reibe.

2. Mache dasselbe auch mit den Zwiebeln.

3. Verrühre das Salz und die Eier mit einem Schneebesen in einer Rührschüssel.

4. Dann rühre mit einem Holzlöffel die Kartoffel- und Zwiebel-schnitzel darein.

5. Nimm dir jetzt eine Bratpfanne und gib einen Eßlöffel Öl hinein. Dann laß es heiß werden.

6. Für jeden Puffer, der etwa so groß wie der Unterteller einer Tasse werden soll, gibst du 3 Eßlöffel Teigmasse in die Pfanne.

Die Pfanne sollte ziemlich heiß sein, damit die Puffer auch von innen goldbraun knusprig gebacken werden.

Zu den Kartoffelpuffern schmeckt Apfelmus sehr lecker. Du kannst aber auch einfach Zucker und Zimt darüber streuen. Das mag unser Leckermaul , der Bär besonders gerne.

Auch Bären müssen viel Gemüse essen, denn das ist gut für ihre Augen, das Fell und die Gesundheit. Und weil es für dich genauso gesund ist, gibt es heute:

Gemüse-Eintopf

Du brauchst:

2 kleine Kohlrabi

1 Zwiebel

3 große Möhren

6 große Kartoffeln

1-2 Tassen Wasser

Salz, Pfeffer und Petersilie

1. Schäle den Kohlrabi und schneide ihn in Stifte (etwa so groß wie dein Daumen).

2. Dann schäle die Möhren und Kartoffeln und schneide sie in Scheiben. Jetzt pelle die Zwiebel und würfle sie anschließend.

3. Nun nimm einen Topf mit Deckel und schichte das Gemüse hinein. Zuerst die Zwiebeln, dann den Kohlrabi, die Möhren und zuletzt die Kartoffelscheiben.

4. Gieße eine große Tasse Wasser darüber, und lege den Deckel auf den Topf. Stelle die Herdplatte an und lasse alles 20 Minuten leicht kochen. Währenddessen darfst du den Deckel nicht aufmachen, weil sonst zu viel Wasser verdunstet und dein Eintopf anbrennt.

5. Wenn die Kochzeit um ist, gib einen Teelöffel Salz, etwas Pfeffer und die Petersilie dazu. Rühre noch einmal kräftig um, und fertig ist der bärengesunde Leckerschmaus.

Und schon wieder hat der Bär noch einen Verfeinerungsvorschlag: " Mir würde eine Scheibe Schinken dazu besonders lecker scmecken..."

Kennst du Rüben? Bär, unser kleiner Feinschmecker, liebt sie über alles.

Rübenmus

Was du benötigst:

1 Steckrübe

500g Kartoffeln

4 Kochwürste

½ Liter Wasser

Salz, Pfeffer, Muskat und Petersilie

1. Schäle die Steckrübe und die Kartoffeln und schneide sie in gleich große Würfel.

2. Koche die Kochwürste solange im Wasser, bis sie gar sind (ca. ½ Stunde).

3. Nimm die Würste dann aus dem Wasser und gebe statt dessen die Rüben- und Kartoffelwürfel hinein. Lege einen Deckel auf den Topf und koche die Würfel ½ Stunde.

4. Dann gib das Salz, den Pfeffer und das Muskat in den Topf und rühre die Masse so lange mit einem Schneebesen, bis sie zu Mus geworden ist.

5. Die Würste kannst du in Scheiben schneiden und unterrühren oder ganz lassen.

Und nun lass' es dir gut schmecken!

Dies ist ein ganz tolles Rezept für alle Kinder. Wenn du Porree auch so gerne magst, wie der Bär, dann probiere es mal aus. Es ist wirklich nicht schwer.

Porree-Eintopf

Für die Zubereitung:

250g Hackfleisch

1 Eßlöffel Öl

1 Tasse Reis

2 Zwiebeln

½ Liter Brühe

500g Porree

Sojasoße

gehackte Petersilie , Salz und Pfeffer

1. Zuerst wasche den Porree und schneide ihn in Ringe.

2. Pelle auch die Zwiebeln und schneide sie in Würfel.

3. Nimm jetzt einen weiten Topf, gib das Öl hinein und lasse es sehr heiß werden.

4. Dann gib das Hackfleisch hinzu und rühre es kräftig durch, bis es überall schön braun ist.

5. Erhitze nebenbei in einem Topf die Brühe.

6. Jetzt gib die Zwiebelwürfel in die Pfanne und rühre nochmals gut um.

6. Füge nun den Reis zu, nach nochmaligem Umrühren die heiße Brühe und gleich darauf die Porreeringe.

7. Lasse das Ganze nun bei geringer Hitze 20 Minuten kochen.

8. Danach gib die Gewürze und etwas Sojasoße (je nach Geschmack) hinzu und streue die gehackte Petersilie obendrüber.

Fertig? Na dann, **Guten Appetit!**

Manchmal ist der Bär zu faul zum Kauen. Dann möchte er Brei haben. Darum kocht Friederike ihm und sich

Kartoffelbrei (für 2 Personen)

Dazu benötigst du:

500g mehlige Kartoffeln

8 Eßlöffel Milch

1 Prise Muskat

2 Eßlöffel Butter

2 Scheiben gekochten Schinken

Salz, Pfeffer

1. Friederike schält die Kartoffeln und kocht sie weich. Das dauert 30 Minuten.

2. Sie kocht die Milch, gibt Muskat, Salz, Pfeffer und Butter dazu und schüttet alles zu den Kartoffeln und stampft es mit dem Kartoffelstampfer zu Brei.

3. Dazu gibt es eine Scheibe gekochten Schinken.

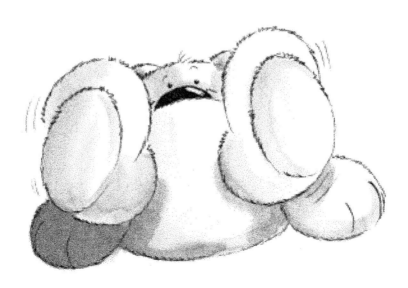

Heute gibt es für Friederike und den Bären viel Gemüse, denn sie lieben es beide und gesund ist es ja auch.

Gemüsepfanne

Die Zutaten sind:

2 Eßlöffel Butter

2 große Möhren

2 Zucchini

1 Tasse gefrorene Erbsen

1 große Zwiebel

1 Tasse Reis

1 Bund Petersilie

Salz und Pfeffer

1. Schäle die Möhren und schneide sie in Scheiben.

2. Pelle die Zwiebeln ab und würfle sie. Die Zucchini werden auch gewürfelt. Wenn sie jung sind, kannst du die Schale sogar dran lassen.

3. Hole eine Pfanne und gib die Butter hinein und lasse sie heiß werden.

4. Danach gib die Zwiebelwürfel in die Pfanne und brate sie bei mittlerer Hitze an.

5. Wenn die Zwiebeln glasig werden, schütte die Möhren und Zucchini dazu. Rühre alles gut um und schütte die Erbsen auch noch hinzu.

6. Gib erst jetzt den Reis und die Gewürze mit in die Pfanne, lege sofort einen Deckel darüber und warte 10 Minuten.

7. Dann öffne den Deckel und würze mit der gehackten Petersilie. Probiere und wenn es dir nicht würzig genug ist, gibt noch etwas Salz und Pfeffer hinzu.

Guten Appettit!

Weil der Bär und Friederike so gerne Kartoffeln essen, gibt es heute:

Wirsing-Eintopf

Die Zutaten:

6 mehligkochende Kartoffeln

500g Wirsing-Kohl

5 Körner Kümmel

1 Brühwürfel

2 Tassen Wasser

3 Eßlöffel Creme fraîche

1. Schäle die Kartoffeln und schneide sie anschließend in Viertel.

2. Schneide den Kohl in Streifen und gib beides zusammen in einen Schmortopf.

3. Lege den Brühwürfel obendrauf und schütte das Wasser und den Kümmel hinzu. Streue ebenfalls etwas Salz und Pfeffer darüber und lege den Deckel auf den Topf.

4. Lasse es 30 Minuten gerade eben vor sich hin kochen, ohne viel zu dampfen.

5. Nun rühre das Creme fraîche darunter und schon ist der Eintopf fertig.

Dieses Rezept ist Friederikes Lieblingsessen! Der Bär mag es natürlich auch und darum muß es immer ganz viel geben.

Erbsen und Möhren, Kartoffeln und Schinken

Dafür brauchst du:

2 Tassen gefrorene Erbsen

2 Tassen Möhrenwürfel

2 Tassen Wasser

2 Eßlöffel Mehl

2 Eßlöffel Butter

gehackte Petersilie, Salz und Zucker

500g Kartoffeln

3 Scheiben Schinken

1. Koche die geschälten Kartoffeln 20 Minuten in einem Topf voll Wasser.

2. In der Zwischenzeit stelle einen weiten Topf mit Wasser auf eine Herdplatte, koche es und schütte zuerst die Möhrenwürfel und das Salz hinein.

3. Lasse sie 5 Minuten mit geschlossenem Deckel kochen. Gebe dann die Erbsen dazu und lasse alles zusammen 10 Minuten weiterkochen.

4. Jetzt nimm dir eine Tasse, fülle sie halb voll mit Wasser, gib die 2 Löffel Mehl hinzu und verrühre sie darin.

5. Die angerührte Masse schütte zu den Erbsen und Möhren und rühre dabei gut mit einem Holzlöffel um, gib ca. ½ Teelöffel Zucker dazu und Butter, sowie die gehackte Petersilie.- Fertig!

Jetzt fehlt nur noch der Schinken.

6. Schneide ihn in Würfel und streue ihn über dein Essen, wenn es auf dem Teller ist.

Nun hast du so ziemlich das leckerste Essen der Welt.
Das finden jedenfalls der Bär und Friederike.

Wenn du diese Brötchen backst, mußt du aufpassen, dass du auch noch welche abbekommst. Es werden nur etwa 7 Stück.

Quarkbrötchen

Was du benötigst:

250g Mehl

125g Magerquark

3 Eßlöffel Milch

2 Eßlöffel Öl

1 $\frac{1}{2}$ Teelöffel Backpulver

1 Ei

1 Teelöffel Salz

1. Gib alle Zutaten auf einmal in eine Rührschüssel und verknete sie.

2. Forme mit den Händen 7 Kugeln und lege sie auf ein Backblech, das du vorher noch mit Margarine eingefettet hast.

3. Backe sie nun etwa 20 Minuten bei 180 ° C.

Die Brötchen schmecken auch sehr lecker, wenn sie noch warm sind.

Bei Bärenhunger wünscht der Bär sich

Gebackenen Milchreisauflauf mit heißen Kirschen

Davon wird er so schön satt und es schmeckt sooooo lecker!

Dazu brauchst du:

$\frac{1}{2}$ Liter Milch

1 Teelöffel Zimt

1 Teelöffel Vanillezucker

1 Zitronenschale von ungespritzter Zitrone

1 Prise Salz

1 Eßlöffel Zucker

Weitere Zutaten, die später noch dazu kommen:

125g Milchreis

4 Eier

50g Zucker

Zimt

Für das Kirschkompott:

1 Glas Kirschen

1 Eßlöffel Maizena

etwas Wasser

1. Lasse die als erstes genannten Zutaten zusammen in einem Topf aufkochen, und gib dann den Milchreis hinzu.

2. Nun lasse es bei niedrigerer Hitze 35-40 Minuten köcheln. Zwischendurch aber das Umrühren nicht vergessen!

3. Trenne die vier Eier (Eiweiß/Eigelb).

4. Rühre die 4 Eigelb mit dem Zucker schaumig und schlage in einem anderen Rührbecher das Eiweiß ganz steif.

5. Wenn der Reis etwas abgekühlt ist, gibst du beides zu dem Reis und verrührst es vorsichtig.

6. Stelle den Backofen auf 225°C.(Bei Heißluftöfen nur 190°C)

7. Jetzt hole dir eine feuerfeste Auflaufform und fette sie mit Margarine ein. Gib die Reismasse hinein und streue Zimt und Zucker darüber.

8. Schiebe die Form in den Ofen und lasse sie 20 Minuten backen.

Kirschkompott:

1. Nimm den Saft aus dem Kirschglas und erhitze ihn in einem Topf.

2. Rühre das Maizena mit etwas Wasser aus und gib die Masse in die kochende Kirschsuppe. Rühre gut um, sonst gibt es Klumpen. Dann gib die Kirschen dazu.

3. Das war's auch schon. Nun serviere den Milchreis zusammen mit dem Kirschkompott und lasse es dir gut schmecken!!

Alle großen und kleinen Bären lieben:

Möhren-Apfel-Rohkost

Besorge dir:

500g Möhren

1 Zitrone

2 Eßlöffel Zucker

2 Äpfel

1. Schäle die Äpfel und Möhren und presse die Zitrone aus.

2. Nun reibe die Möhren auf einer groben Reibe. Die Äpfel auch. Nimm den ganzen Apfel und reibe ihn so lange im Kreis ab, bis nur noch das Gehäuse übrig ist.

3. Kippe schnell den Zitronensaft über die Äpfel, sonst werden sie braun, und mische sie mit den Möhrenschnitzeln. Dann streue den Zucker obendrüber und probiere, ob es schon schmeckt.

Wenn es Spaghetti mit Hackfleischsoße gibt, binden Friederike und der Bär sich Geschirrhandtücher anstelle von Lätzchen um den Hals. Die sind größer und machen irgendwie mehr Spaß.

Spaghetti mit Hackfleischsoße

Du benötigst:

400g Spaghetti

2 Liter Wasser

2 Teelöffel Salz

1 Teelöffel Öl

und für die Soße:

2 Zwiebeln

500g Hackfleisch

3 Eßlöffel Öl

1 Teelöffel Salz

1 Prise Muskat

1 kleine Dose Tomatenmark

1 Tasse Wasser

etwas Pfeffer

1. Gib das Wasser mit dem Öl und Salz zusammen in einen Topf und laß es kochen.

2. Wenn das Wasser kocht, gib die Spaghetti hinein und laß sie bei geringer Hitze etwa 10 Minuten garen.

3. Gieße sie in ein Sieb und lasse sie abtropfen. Fülle sie dann in eine Schüssel und gib noch einen Eßlöffel Butter dazu. Stelle sie abgedeckt zur Seite, damit sie nicht wieder kalt werden.

Die Soße:

1. Pelle die Zwiebeln und schneide sie in Würfel.

2. Nimm einen Topf, gib das Öl hinein und brate die Zwiebeln darin so lange an, bis sie goldbraun sind.

3. Dann lege das Hackfleisch in den Topf und rühre es mit dem Holzlöffel, solange bis es braun ist.

4. Jetzt gib das Tomatenmark und die Gewürze, sowie das Wasser hinzu.

5. Koche die Soße noch einmal gut durch und serviere sie dann mit den Spaghetti.

"Was ist eigentlich mit Pizza?" fragt Bär. Weil Friederike sie auch gerne mag, macht sie sich gleich an die Arbeit.

Pizza

Für den Teig:

300g Mehl

2 Teelöffel Backpulver

½ Teelöffel Salz

4 Eßlöffel Milch

1/8 Liter Öl

200g Quark

Als Belag:

4 Eßlöffel Tomatenmark

4 Tomaten

2 grüne Paprika

150g Champignons (Glas)

150g Gouda oder Emmentaler Käse

Salz, Pfeffer, Oregano

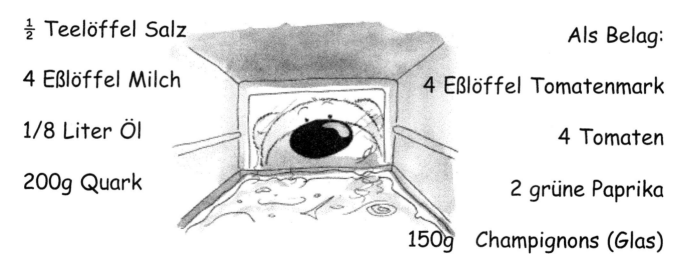

1. Vermische das Mehl und das Backpulver. Verrühre den Quark mit dem Öl, dem Salz und der Milch.

2. Knete das Mehl mit dem Backpulver hinein und stelle den Teig für eine Stunde in den Kühlschrank.

3. Inzwischen wasche die Paprika und die Tomaten und schneide die Paprika in Streifen, die Tomaten in Scheiben.

4. Reibe den Käse auf einer groben Reibe und lasse die Pilze abtropfen.

5. Wenn der Teig geruht hat, zerteile ihn in vier Teile, rolle runde Fladen aus und bestreiche sie mit dem Tomatenmark.

6. Dann lege sie auf ein gefettetes Blech und belege sie mit dem Gemüse.

7. Streue nun die Gewürze darüber und lege dann den Käse obendrauf.

8. Schiebe das Backblech in die Mitte des Backofens und backe sie 20-30 Minuten bei 200°C. (im Heißluftofen nur 170°C)

Der Bär möchte Friederike beim Kochen helfen. Er kann auch schon Rüben schälen, sagt er. Also gibt es:

Rüben-Kartoffel-Eintopf mit Kochwurst

Die Zutaten:

500g Rüben

500g Kartoffeln

4 Kochwürste

$\frac{1}{2}$ Liter Wasser

Salz, Pfeffer und geriebene Muskatnuß

1. Der Bär schält die Rüben und schneidet sie in Stifte.

2. Du schälst die Kartoffeln und machst Würfel daraus.

3. Jetzt nimm dir einen Topf mit einem festsitzendem Deckel und gib alle Zutaten hinein. Das Wasser muß die Zutaten beinahe bedecken.

4. Dann koche alles 30 Minuten bei geschlossenem Deckel.

5. Schneide die Würste in Scheiben.

6. Wenn die 30 Minuten vergangen sind, gieße die Hälfte des Wassers in eine Schüssel und zerstampfe die Rüben und Kartoffeln. Wenn der Brei noch zu dick ist, kannst du etwas von dem abgegossenem Wasser zurück in den Topf gießen.

7. Dann rühre die Wurstscheiben mit einem Rührlöffel unter.

Der Bär findet: Etwas eingelegter Kürbis dazu und es schmeckt besser als in einem Fünf- Sterne- Hotel!

Pfannkuchen backen ist noch zu schwer für den Bären, aber du kannst es bestimmt schon.

Pfannkuchen

Du benötigst:

250g Mehl

3 Eier

1 Tasse Milch

1 Tasse Mineralwasser

1 Prise Salz

1 Päckchen Vanillezucker

6 Eßlöffel Pflanzenöl zum Backen

1 Glas Apfelmus

1. Schlage die Eier in eine Rührschüssel, schütte das Mehl dazu und schlage es mit dem Mixer. Gib nach und nach die Milch und das Mineralwasser hinzu.

2. Dann gib das Salz und den Vanillezucker dazu.

3. Jetzt erhitze eine Pfanne und gib einen Eßlöffel Öl hinein

4. Schütte nun eine Schöpfkelle voll Teig in die Pfanne. Damit sich der Teig besser verteilt, halte die Pfanne vorsichtig ein wenig schräg.

5. Ist der Pfannkuchen goldgelb, drehe ihn mit einem Pfannenwender auf die andere Seite.

6. Serviere die Pfannkuchen mit dem Apfelmus und etwas Zimt und Zucker.

"Hmmmm, lecker, lecker", finden der Bär und Friederike.

"Quark ist so gesund ," sagt Bär, darum gibt es heute:

Pellkartoffeln mit Quark

Was du brauchst:

1 kg Kartoffeln

1 kg Quark

$\frac{1}{2}$ Tasse Milch oder Sahne

etwas Mineralwasser

viele, viele Kräuter z.B. Schnittlauch, Dill, Kerbel, Kresse

Salz und Pfeffer nach Geschmack

1. Wasche die Kartoffeln ganz sauber und koche sie etwa 30 Minuten mit viel Wasser und pelle sie dann ab.

Während die Kartoffeln kochen, kannst du dich schon mal um den Quark kümmern:

2. Gebe dazu den Quark in eine Rührschüssel und verrühre ihn mit der Milch/Sahne, dem Salz, Pfeffer und einem Schuß Mineralwasser.

3. Hacke die Kräuter klein und gib sie mit in den Quark.

So, nun aber schnell aufessen, sonst wird es kalt!

Weil dieser Auflauf so viel Arbeit macht, aber so besonders lecker ist, gibt es ihn bei Friederike und dem Bären nur Sonntags.

Zucchini-Reis-Auflauf

250g Reis

$\frac{1}{2}$ Liter Wasser

1 Brühwürfel

1 Tasse Milch

1 große Zucchini

2 Zwiebeln

125g Gouda

3 Eier

Salz, Kräuter, Butter, Semmelmehl

1. Nimm dir einen Topf, lasse das Wasser darin kochen und lege dann den Brühwürfel hinein.

2. Dann schütte den Reis auch hinein, rühre das ganze um und lege einen Deckel auf den Topf. Schalte die Herdplatte sehr niedrig, so dass der Reis aufquellen kann. Das dauert etwa 20 Minuten.

3. Während der Reis kocht, kannst du schon mal die Zucchini in Würfel schneiden. Pelle auch die Zwiebeln ab und schneide sie in Würfel.

4. Brate die Zwiebeln in einer Pfanne mit etwas Öl an, bis sie hellgold sind. Dann gib die Zucchini hinzu und brate sie nur kurz an.

5. Reibe den Käse auf einer Reibe und hacke die Kräuter klein.

6. Wenn der Reis fertig ist, rühre $\frac{1}{4}$ Tasse Milch zum Reis.

7.Hole eine große Schüssel und gebe die 3 Eier, 2 Teelöffel Salz und 2 Teelöffel Kräuter hinein.

8. Verrühre alles mit einem Schneebesen und gebe dann die Reismenge dazu. Rühre ihn mit einem Rührlöffel unter und gib die Masse anschließend in eine gefettete Auflaufform.

9. Streue nun eine Tasse Semmelmehl darüber und setze zum Schluß ein paar Butterflöckchen obendrauf.

10. Backe alles bei 180°C im Backofen.

Die Mühe hat sich gewiß gelohnt, denn nicht nur dem Bären wird es sicher ganz ausgezeichnet schmecken.

Heute kochen der Bär und Friederike ein ganz einfaches, aber leckeres Mittagessen.

Milchreis mit Kirschen

Du benötigst:

½ Liter Milch

1 Teelöffel Zimt

1 Teelöffel Vanillezucker

1 Prise Salz

1 Eßlöffel Zucker

1 Eßlöffel Butter

125g Milchreis

ungespritzte Zitronenschale

1. Koche alle Zutaten, bis auf den Reis, zusammen auf.

2. Sobald die Milch zu blubbern beginnt, schütte schnell den Reis hinein, sonst kocht die Milch über. Rühre gut um, damit der Reis nicht anbrennt.

3. Stelle jetzt die Herdplatte aus. Lege nach einer Minute einen Deckel auf den Topf und lasse ihn 30 Minuten stehen.

4. Inzwischen kannst du den Tisch decken und das Glas Kirschen öffnen.

Laßt es euch gut schmecken!

Immer, wenn der Bär Eis essen möchte, ist gerade keines da. Nun machen er und Friederike sich selbst welches. Das schmeckt auch noch viel leckerer als gekauftes.

Sahneeis

Für 4 Portionen brauchst du:

¼ Liter Sahne

2 Eßlöffel Honig

125g Erdbeeren

1 Teelöffel Kakao

1 Eßlöffel Schokoladenblättchen (Raspel)

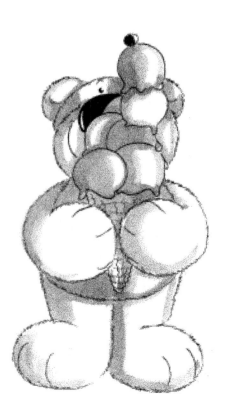

1. Rühre die Schlagsahne in einem hohen Rührbecher zusammen mit dem Honig steif.

2. Teile die Honigsahne in 3 Portionen.

3. Zerdrücke die gewaschenen Erdbeeren mit einer Gabel zu Mus. Dieses Mus verrühre mit einer Portion Sahne.

4. In die nächste Portion rühre das Kakaopulver.

5. In die letzte Portion rühre die Schokoladensplitter.

6. Fülle alles in eine Gefrierdose und stelle es für 2-3 Stunden in das Gefrierfach.

7. Mit einem Eisportionierer kannst du schöne Kugeln machen.

Der Bär hat noch eine gute Idee. Er hat sein Eis noch mit Früchten, Sahne und Streuseln verziert. Das würde er am liebsten jeden Tag essen.

Gleich nach Eis sind Bratäpfel eines von Bär's Lieblingsgerichten.

Bratäpfel

Du benötigst:

4 Äpfel (z.B. Boskop)

2 Eßlöffel Rosinen

2 Eßlöffel gehackte Mandeln

2 Eßlöffel Honig

1 Prise Zimt

etwas Butter

1. Heize den Backofen auf 220°C vor.

2. Wasche die Äpfel und entferne das Kerngehäuse mit einem Apfelausstecher.

3. Fülle abwechselnd Rosinen, Mandeln, Honig und Zimt in die Äpfel.

4. Zum Schluß lege ein Stück Butter obendrauf.

5. Setze die Äpfel in eine gefettete Auflaufform und und schiebe sie in den Backofen. Nach etwa 25 Minuten sind sie fertig.

Der Bär kocht sich häufig noch eine Vanillesoße dazu.

Vanillesoße

Dazu brauchst du:

¼ Liter Milch

1 Teelöffel echte Vanille oder Vanillearoma

2 Eßlöffel Vanillepuddingpulver

1 Prise Salz

1 Eigelb

1 Eßlöffel Butter

2 Eßlöffel Zucker

1. Nimm von der Milch $\frac{1}{2}$ Tasse voll ab und rühre das Puddingpulver und das Eigelb hinein.

2. Koche den Rest der Milch mit Vanille, Salz und Butter auf, und gib beim Aufkochen schnell das ausgerührte Puddingpulver hinzu.

3. Entferne den Topf von der heißen Herdplatte und gieße die fertige Soße in einen Krug.

"Mit roter Grütze schmeckt die Soße auch sehr lecker", findet der Bär.

Und deshalb gibt es die auch jetzt!

Rote Grütze

Du benötigst:

½ Liter Saft von Johannes- oder Himbeeren

500g verschiedene Früchte (Erdbeeren, Himbeeren, Kirschen, Pflaumen, Johannesbeeren)

1 Tasse voll Zucker

1 Teelöffel Vanillezucker

2 Eßlöffel Vanillepuddingpulver

1. Gib den Saft zusammen mit dem Zucker und dem Vanillezucker in einen Topf und koche ihn auf.

2. Dann schütte alle Früchte hinzu.

3. Rühre Puddingpulver in einer Tasse Wasser aus.

4. Wenn die Früchte kochen, kippe sofort das ausgerührte Puddingpulver dazu und rühre so lange um, bis die Grütze wieder kocht.

Fertig! – War doch ganz einfach, oder?

Buttermilchspeise

Du benötigst:

½ Liter Buttermilch

3 Eßlöffel Zucker

3 Eßlöffel Zitronensaft

1 Päckchen Vanillezucker

4 Blatt rote Gelatine

1 Becher kaltes Wasser

1. Weiche die rote Gelatine ca, 3 Minuten in dem Becher mit kaltem Wasser ein.

2. Schütte das Wasser von der Gelatine ab und erhitze die Gelatine im Wasserbad oder in einer Mikrowelle, bis sie flüssig ist.

3. Gieße nun den Zitronensaft zur Gelatine und rühre mit einer Gabel, bis keine Klümpchen mehr vorhanden sind.

4. Gib jetzt den Zucker und den Vanillezucker zu der Buttermilch in eine Rührschüssel und verrühre sie mit einem Mixer, bis der Zucker sich aufgelöst hat.

5. Rühre weiter und schütte die Gelatine/Zitrone-Flüssigkeit mit zu der Buttermilch in die Schüssel.

6. Gieße die Buttermilchspeise nun in Portionsschälchen und stelle sie für 2 Stunden in den Kühlschrank. Wenn sie fest ist, kannst du sie mit Sahne und frischen Früchten verzieren.

Und nun: Guten Appetit!

Grießpudding mit Fruchtsoße

Für den Pudding:

1 Liter Milch

1 Prise Salz

2 Eßlöffel Zucker

125g Grieß

Für die Soße:

½ Liter Himbeer- oder Kirschsaft

2 Eßlöffel Zucker

2 Eßlöffel Puddingpulver

½ Tasse Wasser

Pudding:

1. Gebe Milch, Salz und Zucker in einen Topf und rühre so lange um, bis die Milch zu kochen beginnt. Dann schütte sofort den Grieß hinzu.

2. Rühre währenddessen gut mit einem Schneebesen um, sonst gibt es Klümpchen.

3. Lasse den Pudding in einer Schüssel oder kalt ausgespülten Form abkühlen, und stürze ihn dann auf einen Teller.

Fruchtsoße:

1. Zunächst koche den Saft mit dem Zucker auf.

2. Rühre inzwischen das Puddingpulver in Wasser aus und schütte es dann in den kochenden Saft.

Du kannst die Suppe heiß oder kalt servieren. Der Bär findet, "es schmeckt besonders gut, wenn entweder der Pudding oder die Soße noch heiß ist."

Wenn der Bär schlecht gelaunt ist, liegt es nicht daran, dass er den leckeren Bärenquark gegessen hat, sondern eher daran, dass er ihn nicht bekommen hat. Und wenn du den Bären wieder glücklich machen willst, sei so lieb zu ihm, wie du kannst und überrasche ihn mit einer Portion Bärenquark.

Bärenquark

Du benötigst:

500g Quark

500g Brombeeren (frisch oder gefroren)

$\frac{1}{4}$ Liter Schlagsahne

1 Teelöffel Vanillezucker

2 Eßlöffel Zitronensaft

3 Eßlöffel Zucker

4 Eßlöffel Milch

1. Schlage die Sahne mit etwas Zucker steif.

2. Verrühre in einem anderen Rührbecher den Quark mit der Milch, dem Zucker, dem Vanillezucker und dem Zitronensaft.

3. Rühre die steif geschlagene Sahne nun vorsichtig unter den Quark.

4. Jetzt nimm ein paar Brombeeren ab und rühre die übrigen unter den Quark. Mit den abgenommenen Brombeeren verziere anschließend den Quark und bringe ihn ganz schnell zum traurigen Bären.

Wenn der Bär seiner Familie eine Freude machen will, backt er jedem seinen Lieblingstoast.

Onkel Hennings Lieblingstoast

Dafür braucht der Bär:

4 Toastscheiben

4 Eßlöffel Tomatenmark

4 Scheiben Salami

1 Dose Mais

1 kleine Dose Pilze

4 Scheiben Gouda

Oregano, Salz, Pfeffer

1. Heize den Backofen bei 200°C vor.

2. Röste die Brote im Toaster.

3. Bestreiche sie mit Tomatenmark und streue die Gewürze darauf.

4. Verteile den Mais auf die Toastscheiben und belege sie mit den Pilzen.

5. Darauf lege je eine Scheibe Salami.

6. Zum Schluß lege die Käsescheibe als oberste Schicht auf die Toasts und lasse sie ca. 8 Minuten auf einem Backblech im Ofen backen.

Diese Toasts machst du genauso, wie das von Onkel Henning, nur legst du andere Zutaten darauf. Die Paprika und die Tomate werden gewaschen und in Streifen oder Ringe geschnitten.

Katharinas Lieblingstoast

Du benötigst:

4 Toastscheiben

4 Eßlöffel Tomatenmark

4 Scheiben gekochter Schinken

1 Tomate

1 Paprikaschote (rot, grün oder gelb)

4 Scheiben Käse

1 kleine Dose Mais

Oregano, Salz, Pfeffer

Der Bär hat Friederike gefragt, ob sie ihm heute mal etwas ganz Besonderes kochen kann. Darum gibt es

Croissant mit pikanter Füllung

Zutaten für 10 Croissants:

1 Paket Blätterteig, tiefgefroren

2 Scheiben gekochten Schinken in Würfeln

5 Emmentaler Käse in Würfeln

1 Ei

2 Eßlöffel Milch

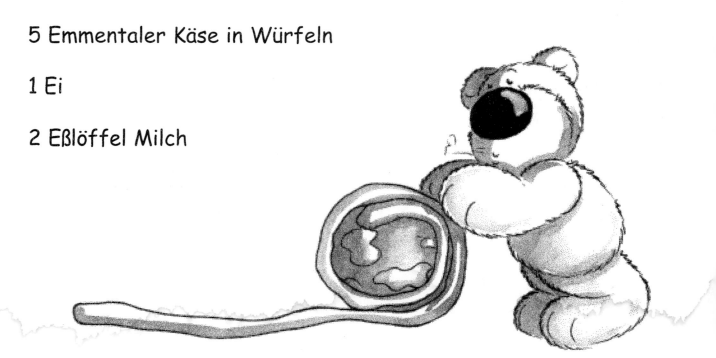

1. Lege die Teigblätter auseinander und lasse sie auftauen.

2. Rolle sie auf einer bemehlten Fläche auf ihre doppelte Größe aus.

3. Teile jede Scheibe in zwei Dreiecke und lege mit einem Teelöffel jeweils ein paar Käse- und Schinkenwürfel auf die Längsseite.

4. Heize den Backofen bei 200° C vor.

5. Rolle jedes Teigstück zu einer Rolle. Beginne dabei mit der Breitseite und forme sie dann zu Hörnchen.

6. Vermenge das Ei mit der Milch und bepinsele die Hörnchen damit.

7. Lege die Hörnchen auf ein gefettetes Blech und backe sie 15 Minuten auf der mittleren Schiene bei 200° C, bis sie goldbraun sind.

"Sollen wir heute einmal italienisch essen?," fragt der Bär Friederike. " Oh ja, hast du Appetit auf Spaghetti?"

Spaghetti mit Pilzsahnesoße

Für die Spaghetti:

250g Spaghetti

1 Eßlöffel Öl

½ Teelöffel Salz

Für die Soße:

300g frische Champignons

1 Eßlöffel Öl

2 Zwiebeln

1 grüne Paprikaschote

2 Tomaten

1 Becher Creme fraîche (125g)

1 Becher Sahne (125g)

Kräutersalz, Oregano, Pfeffer, Majoran

1. Wasche die Champignons und halbiere sie.

2. Pelle die Zwiebeln und schneide sie in Würfel.

3. Wasche und entkerne die Paprika und schneide sie anschließend in Würfel.

4. Schneide die beiden Tomaten, nachdem du sie gewaschen hast auch in Würfel.

5. Dann hole dir einen weiten Topf und gieße das Öl hinein.

6. Erhitze den Topf und gib nach und nach die Pilze, Zwiebeln, Paprika und die Tomaten hinein.

7. Rühre alles ab und zu um.

8. Nun gib die Gewürze mit in den Topf. Zum Schluß füge die Sahne und das Creme fraîche hinzu.

9. Lasse alles 3 Minuten kochen und serviere es dann mit den Spaghetti.

Der Bär ißt gerne einen grünen Salat mit Sahne-Zitrone-Dressing dazu.

Tja, jetzt haben Friederike und der Bär dir viele, leckere Gerichte vorgeschlagen. Bestimmt war auch das Richtige für dich dabei.

Viel Spaß beim Kochen, und lass' dir von dem dicken Bären nicht alles wegessen!